RÉFUTATION

COMPLÈTE ET RADICALE

DE L'ASSOCIATION UNIVERSELLE

BASÉE

SUR LE MATÉRIALISME.

PAR GANDON,

ouvrier cordonnier.

De chacun suivant ses capacités,
A chacun selon ses besoins.

J'aime à flâner, c'est mon besoin,
Je me pocharde, c'est mon aptitude.

(UN COMMUNISTE MATÉRIALISTE.

PARIS — 1850.

IMPRIMERIE DE HENNUYER ET Cᵉ, RUE LEMERCIER, 24.

BATIGNOLLES.

1850

RÉFUTATION

complète et radicale

DE L'ASSOCIATION UNIVERSELLE

BASÉE

SUR LE MATÉRIALISME.

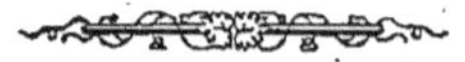

Incompatibilité organique des principes de la formule sociale : liberté, égalité, fraternité, solidarité.

Jusqu'à présent tous les efforts de l'intelligence humaine se sont épuisés en vain à chercher la solution de l'organisation de cette formule : Liberté, égalité, fraternité, solidarité. C'est qu'il y a évidemment dans ces principes une incompatibilité organique qui les empêche de se combiner ensemble et de former une synthèse purement économique.

D'abord, en établissant l'égalité, la fraternité disparaît, et en constituant la solidarité, la liberté s'anéantit.

En quoi, par exemple, des hommes égaux en droit et en fait social peuvent-ils être fraternels, quand fraternité implique dévouement, tandis qu'égalité de biens suppose forcément égalité de mérite ou pour mieux dire nullité de mérite, ce qui est la négation même du dévouement ou de la fraternité?

En quoi encore peut consister la liberté lorsque, par la solidarité légale, les hommes sont obligés d'être réciproquement responsables les uns des autres et attachés à des devoirs d'intérêt commun qui absorbent totalement leur individualité?

Chacun pour tous, tous pour chacun : voilà la formule de solidarité. Ces deux principes appliqués par la loi excluent nécessairement la liberté ; car, par le premier, les individus sont esclaves de la société, et par le second, la société est esclave des individus. On objectera sans doute que de cette mutuelle dépendance naît la liberté. Cela serait vrai si la solidarité était morale, car alors chacun agirait par son propre mouvement. Mais du moment que, par la légalité, Pierre est obligé de travailler pour Paul et Paul pour Pierre, ils ne s'appartiennent plus individuellement, c'est la loi qui dispose de leur personne en les assujettissant mécaniquement l'un à l'autre ; donc ils sont esclaves.

Ainsi, l'égalité nie la fraternité, et la solidarité nie la liberté.

D'après ceci, ne semblerait-il pas que cette sublime devise n'est pas faite pour la terre ; ou, tout au moins, n'est-il pas certain qu'elle ne peut être appliquée à un monde où le matérialisme est le principal mobile des actions de l'homme ?

Que les socialistes y prennent garde ! Si, comme ils le prétendent, le socialisme est le continuateur du christianisme, et si leur principe est bien celui du Christ, ils doivent dégager ce principe de toutes les passions grossières qui le défigurent et en font un être informe. Qu'ils s'empressent donc de repousser ces doctrines impures, lesquelles osent s'appuyer sur les préceptes évangéliques en les torturant pour le besoin de leur cause, et qui, ramenant toutes les traditions religieuses à la terre, matérialisent ainsi, au nom du Créateur, les plus nobles aspirations de la créature.

Le christianisme intellectuel et le socialisme matériel sont les deux pôles de l'humanité.

Pour se convaincre combien le socialisme fait fausse route et se trouve opposé au christianisme dont il se croit le fils légitime, il suffit de mettre en parallèle ces deux doctrines, pour voir aussitôt disparaître entre elles toute espèce de comparité.

Le christianisme est la religion des esprits, — le socialisme est la religion des sens.

Le christianisme admet le dogme d'un Dieu absolu, infini, créateur et régisseur de l'univers ; — le socialisme croit à un esprit infini et non absolu, dépendant de la matière, et même généralement, c'est le matérialisme pur et la fatalité qui forment le fond des croyances socialistes.

Le christianisme, conséquent avec ses principes, proclame le règne de Dieu parmi les hommes ; il veut que la vérité soit la reine des consciences, l'astre souverain des esprits, la source inépuisable de la vie ; en un mot, il reconnaît que Dieu est l'âme des vraies sociétés. Sous l'empire de cette croyance, l'ordre et la liberté se manifestent dans tout ce qu'ils ont de puissant et d'harmonieux, car l'homme, créé libre à l'image de son Créateur qui est absolu et infini, trouve en soi le modèle immuable de la raison pour se guider et le principe du progrès éternel pour se perfectionner. Telle religion, telle société.

Le socialisme, conséquent aussi avec ses principes, proclame la dictature d'un chef, gouvernant au nom d'une société esclave de la matière, et dont le pouvoir despotique est modelé sur la fatalité d'une puissance aveugle, tyrannique, agissant par les caprices du hasard et ne pouvant jamais fonder rien de vrai, rien de durable. Sous la domination de cette doctrine de ténèbres, le monde livré au ballottement des partis incertains, tour à tour vainqueurs, tour à tour vaincus, passe de la tyrannie au chaos, et du chaos à la tyrannie : telle religion, telle société !

Le christianisme parle au cœur et à l'esprit, et développe dans l'humanité des sentiments d'amour de Dieu et du prochain, sentiments vivifiants, donnant à l'homme la volonté énergique et la force qui le porte à l'acomplissement des plus sublimes actions, lesquelles sont pour le monde autant d'exemples salutaires et féconds qui l'entraînent vers sa perfection. Le socialisme matériel s'adresse aux passions, excite dans les masses ces convoitises insatiables de biens charnels poussant les frères à se regarder avec les yeux de l'envie, et couve parmi les citoyens les désirs les plus criminels, ce qui devient pour la société une cause efficiente de troubles et de désordres. L'un, en enseignant l'abnégation et le sacrifice, produit une émulation de mutuel dévouement duquel sort le bien.—L'autre, en prêchant les plaisirs et les jouissances matériels, fait naître un concours d'égoïsme brutal, de rivalités haineuses et de basses jalousies.

Le christianisme enfante la foi qui sert d'appui à la raison, car il porte dans son sein les éléments primitifs de la connaissance de Dieu, lesquels forment progressivement le rayon blanc de l'intelligence. — Le socialisme, au contraire, en excluant la foi du domaine intellectuel, abandonne la raison à sa propre faiblesse, et fait qu'elle s'obscurcit complétement sous le voile des passions; et, comme elle n'a plus rien pour se soutenir dans sa marche chancelante, elle succombe et périt misérablement sous la grandeur des mystères qui tiennent encore notre nature dans une nuit profonde.

Enfin, le christianisme, en reliant la terre avec le ciel, l'humanité avec Dieu, la foi avec la raison, ou le monde visible avec le monde invisible, produit la charité, la paix, l'espérance et la concorde; — tandis que le socialisme, dépouillé du principe religieux spiritualiste, est un élément dissolvant portant partout la confusion, le désespoir et le néant.

En poursuivant la réfutation des erreurs socialistes, nous aurons occasion de voir se rencontrer très-souvent le christianisme et le socialisme, et, en analysant leurs différentes natures, il nous sera très-facile de reconnaître qu'ils sont comme les deux pôles de l'humanité.

Conduite des chefs d'école contraire à la fraternité dont ils se disent les apôtres.

La plupart des chefs d'école, se souciant peu de savoir si leur doctrine est ou n'est pas selon la loi humaine, ne cherchent pas, par des études sérieuses, approfondies, à remonter à la source de la vraie lumière. Ce qui les occupe d'abord, c'est leur propre intérêt; aussi tous leurs efforts tendent-ils, non à posséder la vérité, mais bien à faire prévaloir leurs idées, quelles qu'elles soient, contre celles de leurs adversaires. Que leur importe d'avoir tort ou raison, pourvu que, à force d'habileté ou de ruse, ils puissent terrasser leurs ennemis? voilà tout ce qu'ils demandent. Cependant qu'arrive-t-il de cette absence d'amour du vrai? c'est qu'ils manquent complétement de boussole pour se guider dans la voie tortueuse où ils se sont engagés, et ne sauraient faire un pas sans se heurter comme des aveugles les uns contre les autres et s'abîmer réciproquement. Toutes leurs paroles, tous leurs actes deviennent un champ d'hostilité constante où se choquent, se combattent des milliers d'erreurs qui, semblables à ces nuées confuses d'insectes ravageant tout à coup la campagne, portent la perturbation et la désolation dans les esprits.

Ils prêchent la fraternité, la fusion des intérêts, et se font une concurrence acharnée avec leurs journaux, ni plus ni moins que des épiciers pétris par le mercantilisme. C'est à celui qui déploiera le plus d'adresse à vernir sa marchandise en vue du gain, et cherchera, par toutes sortes d'artifices, à supplanter ses concurrents afin d'exploiter seul le champ de la crédulité populaire. — Et, pour mieux tromper la bonne foi du peuple et cacher leurs spéculations intéressées, ils ne cessent de parler de leur prétendu dévouement, et font parade d'un dehors d'abnégation auquel les âmes simples se laissent facilement prendre. — S'ils paraissent unis en ce moment, c'est tout simplement par un lien de haine commun contre la société; vienne le jour de leur triomphe, et la plus terrible anarchie peut éclater spontanément parmi eux. Et, quand on leur reproche leurs divisions, leurs antagonismes réels, ils répondent que cela est nécessaire pour remuer les esprits, afin que du choc des opinions diverses jaillisse la lumière. Ainsi, ils avouent qu'ils ressemblent aux ténébreux nuages qui ont besoin de se combattre avec fureur pour faire sortir de leur profonde obscurité, ces lueurs rapides dont le faux éclat brûle la vue du spectateur effrayé, et s'éteignent aussitôt en ne laissant de leur existence que la trace du mal qu'ils ont fait.

Par cet aveu naïf les matérialistes témoignent assez que leur doctrine est loin d'être cette lumière pure, calme, régulière, naissant d'une source radieuse, immuable, et répandant sa precieuse influence sur les êtres dont elle féconde la vie et le développement.

Mais d'où vient donc que l'antagonisme est si nécessaire pour stimuler l'intelligence des littérateurs et des philosophes socialistes, et qu'il ne le soit pas pour stimuler celle des industriels et des artisans auxquels on prêche la communauté des biens ? Est-ce que, par hasard, les premiers seraient moins parfaits que les derniers ? Ceci a besoin d'une explication. Que dis-je, une explication ? Mais s'il fallait que les socialistes expliquassent toutes les inconséquences, les tergiversations et les contradictions qui se rencontrent dans leurs écrits et leur conduite, ils en auraient bien pour jusqu'au jugement dernier, encore n'auraient-ils pas fini.

Tout ce qu'il y a de compréhensible dans cette Babel du socialisme irréligieux, c'est que chaque novateur, mû par l'ambition, voudrait, avec son influence personnelle, enchaîner l'esprit du peuple, le soulever par le fanatisme des erreurs nouvelles, afin de se donner l'importance d'un grand agitateur, et, par ce moyen, arriver au pouvoir qu'un fol orgueil fait poursuivre à chacun d'eux.

Le socialisme est une véritable féodalité intellectuelle exploitant, comme je l'ai dit plus haut, le domaine de la crédulité et l'ignorance populaire. Six écoles se partagent en ce moment l'esprit des masses, et sont comme six châteaux du moyen âge, dont les seigneurs ont chacun leurs légions d'esclaves, prêts à s'entre-déchirer pour le triomphe et la gloire de leur souverain maître.

La cause de ce mal vient de ce que l'astre divin ne luit plus dans les intelligences, et que le peuple, manquant de lumières, est obligé de s'abandonner aveuglément au premier sophiste venu qui sait, en le flattant habilement, se faire accepter par lui comme un pasteur éclairé.

Cependant, j'admets que tous les docteurs du socialisme soient de la meilleure foi du monde ; pensent-ils réussir à donner à la classe ouvrière la somme de bien-être et de félicité qu'ils lui promettent, par la prétendue vertu de leur spécifique ? Je dis qu'ils s'abusent grossièrement ; car en dehors de la religion, c'est-à-dire sans les vérités révélées par la manifestation des lois divines, il n'y a que misère et néant. Qu'ils se pénètrent bien que toute réforme politique et sociale, tentée par l'arbitraire de l'homme alors qu'il n'a aucun guide de la science religieuse, n'aboutira qu'à l'oppression et à la servitude. L'examen du chapitre suivant ne laissera pas le moindre doute sur ce point.

Le socialisme, dominé par une antinomie éternelle et universelle ou par un positivisme de lois immuable, absolu, s'est jeté dans le mal excessif des principes extrêmes.

Le socialisme, ne comprenant point la possibilité d'accorder l'antinomie avec le positivisme, s'est jeté dans les excès des principes les plus contraires : tantôt, s'abandonnant à un positivisme exclusif, il regarde l'ordre universel comme immuable, éternel, absolu, produisant éternellement et invariablement les mêmes effets et les mêmes êtres ; puis, il déduit nécessairement de ce système la fatalité et l'esclavage naturel et social de l'homme. Tantôt, se laissant entraîner à une antinomie matérialiste, désordonnée comme les vagues de l'océan, il suppose que la matière est une information infinie, n'ayant ni commencement ni fin, et ne possédant en elle ni lois ni règles positives, mais agissant et produisant par les caprices du hasard. Appliquant cette doctrine à la société, le socialisme en tire cette conséquence, que chacun naissant d'une nature variable à l'infini, doit posséder une liberté illimitée, une liberté absolue dont le mobile est l'instinct, et le motif déterminant les circonstances fortuites d'une vie aventureuse ; ce qui enfante le chaos social. Ainsi, le socialisme rejetant les vérités chrétiennes, qui seules peuvent nous initier aux mystères de l'absolu et du relatif, du fini et de l'infini, est amené à se poser les trois questions suivantes, dont la solution logique d'un rationalisme impuissant, apparaît à la raison comme le critérium du mal :

Religieusement, entre le déisme et le panthéisme, c'est-à-dire entre la personnalité et l'impersonnalité divine, qu'y a-t-il ? le matérialisme pur ou la négation de l'esprit, le règne de la fatalité ou du hasard, livrant l'univers à un aveugle destin ou à tous les désordres d'un mouvement perturbateur concourant à une destruction universelle.

Politiquement, entre la dictature individuelle ou le despotisme royal et la dictature populaire ou le despotisme national, qu'y a-t-il ? l'anarchie ou l'anéantissement de tout droit et de tout devoir, la tyrannie par le chaos, comme dit Louis Blanc.

Economiquement, entre le monopole individuel ou la propriété et le monopole social ou la communauté, qu'y a-t-il? la loi agraire ou la destruction de toute richesse, l'affirmation de la misère universelle.

Le christianisme n'étant ni le déisme ni le panthéisme, parce qu'il est à la fois l'un et l'autre dans son concept de la Trinité, réalise cette formule de saint Paul : *Tous en tous;* formule mystérieuse et profonde, exprimant l'unité et la diversité divine, et dont le dogme lumineux s'irradie par toute la création, et sert de base, comme je l'ai dit, au véritable ordre et à la vraie liberté.

Le socialisme, en se précipitant dans un positivisme absolu ou dans une antinomie dépouillée de toute règle synthétique, s'est placé dans une condition telle, qu'il n'a plus dans son choix de formule sociale que cette seule alternative : *ou le despotisme ou l'anarchie.*

Aussi, Louis Blanc et Proudhon, ces deux pôles du socialisme, n'ont-ils pas hésité, l'un, à choisir la communauté de laquelle découle le despotisme, l'autre, la loi agraire ayant pour corrélatif l'anarchie.

Proudhon, ne voulant plus d'autorité sous quelque forme qu'elle se présente, ni propriété, et encore moins de communauté, proclame le droit au crédit gratuit avec la liberté absolue de se conduire comme on l'entend. D'après ce droit, si la banque nationale possède un million de francs, je suppose, et que quatre millions de personnes se présentent pour être créditées, cela leur fera tout juste chacune 25 centimes. Comme il n'y a pas de raison pour que toutes les propriétés soient soumises à la même loi du crédit, le partage égal des biens devra être la règle générale de la société; puis, comme tout le monde, en vertu de la liberté illimitée, se conduira selon son bon plaisir, il arrivera que les créditeurs, n'ayant plus aucune garantie sérieuse sur les emprunteurs, courront la chance d'être radicalement ruinés.

Et, conséquent avec lui-même, dans cette circonstance, l'auteur de la banque du peuple demande, en économie, un morcellement absolu. Voici, d'ailleurs, ce qu'on lit dans les *Con-*

fessions d'un révolutionnaire, p. 48 : « La condition dans laquelle le produit est le plus grand possible, est celle où le producteur agit *seul* et sans le concours d'aucun *ouvrier* ou *employé.* » — « L'organisation par l'Etat, poussée à ses dernières limites, a ce résultat définitif : tandis que la dépense serait comme 12, la recette serait comme 6. »

Dissolution complète de tout corps politique, anarchie, partage égal des biens, voilà le sublime idéal du proudhonisme.

Despotisme, parasitisme, oppression et servitude, voilà, d'après Proudhon même, le but définitif de M. Louis Blanc.

Suffrage universel, conduisant logiquement la société à un esclavage absolu, quand il n'a pas pour modifier ses tendances compressives les attractions dilatoires de la religion.

Comme point de départ à toute réforme politique et économique, les socialistes proclament la réalisation du principe du suffrage universel, la souveraineté du peuple ou la royauté de la nation, et prétendent que cette royauté ne doit différer en rien de celle d'un roi absolu. Un simple rapprochement du pouvoir royal et du pouvoir national suffira pour dissiper les vaines illusions du socialisme au sujet de la souveraineté populaire, telle qu'il l'entend.

Un roi semblable à Louis XIV, par exemple, fait des lois pour gouverner son peuple, et non pour se gouverner lui-même. Il dispose du peuple selon ses besoins, et le peuple ne peut disposer de lui.

Le roi parle, agit, commande, tranche, rogne, abîme ou se dévoue pour ses sujets et s'applique à les rendre heureux, et personne ne s'oppose à son arbitraire, nul ne résiste à sa volonté, bonne ou mauvaise, tout enfin s'incline devant sa puissance, quelle que soit sa conduite.

Voyons maintenant fonctionner la royauté populaire. *Le pouvoir démocratique doit se former de la circonférence au centre.* Alors le centre, résumé de la puissance générale, réagit de toute sa force, retombe de tout son poids sur les parties séparées de la circonférence ; d'où il résulte qu'il y a deux êtres dans le peuple, l'un, actif, agissant par sa volonté, et prenant l'initiative des hommes et des choses; l'autre, passif, subordonné, recevant forcément les impressions qui lui sont communiquées : ce qui diffère essentiellement des attributs d'un roi qui est purement actif relativement à sa puissance, et n'a rien de commun, comme volonté, avec le peuple, instrument passif de ses actions.

Par là réaction démocratique des gouvernants sur les gouvernés, c'est-à-dire par la puissance du centre agissant sur la circonférence, qui est elle-même le moteur primitif, il se présente cette fatale antinomie, que plus le peuple est fort comme société, plus il est faible comme individu, et plus il est libre, plus il est dépendant; de manière qu'en faisant l'application logique du suffrage universel, on trouve que la volonté sociale, en retombant sur ses parties, efface la somme totale des volontés individuelles, ce qui produit nécessairement les contradictions suivantes :

Le peuple parle : qu'il se taise.

Le peuple commande : qu'il obéisse.

Le peuple est maître : qu'il soit esclave.

La raison de cette antinomie vient de ce que le peuple ne saurait parler, commander et dicter sa volonté, sans s'adresser à lui-même. Il n'est donc plus possible de s'abuser sur la souveraineté du peuple et de s'imaginer qu'elle résout son affranchissement, puisqu'il est certain que plus il a d'empire, plus il est étroitement lié, et moins il en a, plus il se rapproche de l'anarchie ou du despotisme royal.

Les proudhonistes disent : le peuple fera désormais ses affaires lui-même, et saura bien se passer de l'initiative des pouvoirs; mais cela ne signifie rien du tout, si ces messieurs ne veulent pas dire que le peuple aura un intérêt identique, ce qui nous ramène à l'application légale de cette formule : *Chacun pour tous, tous pour chacun*, et nécessite impérieusement l'existence d'un pouvoir ayant non-seulement l'initiative de l'intérêt commun, mais disposant encore des individus pour les obliger à remplir leurs devoirs envers la communauté. Arrangez-vous comme vous voudrez : si vous voulez l'identité d'intérêt économique, vous êtes obligés de vouloir aussi l'unité légale des hommes ; et pour maintenir cette unité , il vous faut un contrat qui la consacre et un pouvoir qui l'exécute.

Louis Blanc a bien senti cette vérité ; c'est pour cela qu'il demande un ministère du progrès ayant une *grande force d'initiative*, afin de régler les destinées sociales. Ainsi ; le président du Luxembourg ne se contente pas d'un pouvoir serviteur se bornant, comme la main , à exécuter les ordres qu'il reçoit ; mais il veut un pouvoir initiateur, agissant, comme la volonté, par son propre mouvement , ce qui revient à dire que l'Etat sera serviteur-maître.

Voulant atténuer, en apparence , l'esclavage du peuple sous son régime politique et social, Louis Blanc affirme que , par la souveraineté populaire, chacun est libre de se choisir le chef qui lui convient ; mais il oublie de dire qu'on est forcé de se nommer ce chef, ou de l'accepter malgré soi des mains du pouvoir, il n'y a pas de milieu. Encore cette faculté de faire un choix libre dans les hommes destinés à vous gouverner n'est-elle pas toujours vraie ni possible , puisque, dans une élection, les chefs élus par la majorité sont par elle imposés à la minorité qui n'en veut pas.

D'ailleurs, se choisir un chef, n'est-ce pas se destituer de sa liberté , alors que ce chef aura spécialement le droit de peser tous vos actes , et de vous châtier, si vous dérogez au règlement communautaire ?

Comment donc, après cela , les docteurs du socialisme peuvent-ils encore affirmer que, sous leur régime, chacun sera son pape et son roi ? Est-ce qu'un roi ou un pape se courbe devant une autorité constituée par ses propres mains ?

Mais , disent les socialistes, les lois d'après lesquelles vos chefs vous régiront auront été sanctionnées par vous, de sorte que vous trouverez dans le contrat social l'adhésion de votre volonté , et en vous soumettant à la loi, vous serez censés n'écouter que vous-mêmes. — Je ferai observer que personne, dans une société vraiment libre, ne fait de contrat avec soi-même pour s'engager vis-à-vis de sa volonté à suivre une ligne de conduite qu'il ne dépend pas de lui de rompre quand cela lui plaît. Les mouvements de la liberté étant infinis, c'est à la conscience de tous les instants à en régler l'essor, et non à une lettre écrite dans le *Bulletin des lois*, laquelle vous tiendrait perpétuellement captif.

Comme je l'ai démontré plus haut, le socialisme ne laisse au citoyen que cette seule alternative, ou l'*anarchie*, ou le *despotisme*. La loi ne vient pas vous demander : voulez-vous être libre ? mais elle vient vous dire : sanctionnez votre servitude, ou il n'y a plus pour vous ni repos ni sécurité. Pris entre deux écueils plus ou moins redoutables, le citoyen ressemble au voyageur errant sur une mer orageuse, au bord d'une île sauvage : d'un côté, une tempête menaçante lui montre un danger imminent ; de l'autre, un chef de tribu esclave lui offre un refuge contre le péril, mais à la condition qu'il vivra à la manière de ses sujets, et se courbera devant son autorité. Ainsi, le citoyen, poussé par une puissance supérieure, sanctionne sa captivité. Après cela, je ne vois pas du tout qu'en restant fidèle à des engagements qu'il ne peut briser, et qu'il a contractés sous la pression des événements ou sous l'influence irrésistible du torrent social, il puisse encore se regarder comme son pape et son roi.

Les socialistes font observer que l'Etat et la société seront identifiés et indiscernables, de manière, ajoutent-ils, que le pouvoir et les citoyens étant un, toute lutte deviendra impossible entre les gouvernants et les gouvernés ; et de là ils concluent qu'il ne pourra plus y avoir dans la société ni oppresseurs ni opprimés. — Eh bien ! c'est précisément cette identification qui serait une cause d'asservissement universel ; car, d'après ce système, la société deviendrait une vaste administration politique et sociale composée de fonctionnaires-travailleurs : toute fonction serait un travail, tout travail une fonction. Chaque individu formant un anneau de la grande chaîne gouvernementale est forcé, en sa qualité de fonctionnaire public, de concourir de tout son pouvoir à fortifier les fers de son propre esclavage ; car, comme partie de l'Etat, il doit aider celui-ci à discipliner, à comprimer en lui le sujet de la société. Et, chose remarquable, si le citoyen ne travaillait pas à s'enchaîner, l'Etat perdrait sa puissance d'unité, et la société, manquant de convergence dans ses parties, se dissoudrait inévitablement. Ainsi, par cette solidarité légale, le monde est étreint

comme dans un étau. Et telle est la logique d'un peuple dont
les conditions d'existence sociale reposent tout entières sur
une discipline purement administrative, et non sur un sentiment religieux, il ne peut vivre qu'en resserrant toujours de
plus en plus les liens qui l'étouffent; de manière que ce qui
était pour lui un moyen de conservation, devient contre lui
une cause de mort certaine.

Poursuivons.

*Par l'opposition fondamentale de la société et de l'individua-
lité,* l'initiative et la responsabilité sociale détruisent complétement l'initiative et la responsabilité individuelle. D'un autre
côté, la société, ne pouvant agir comme un seul homme, est
obligée d'avoir des mandataires qu'elle charge de sa mission,
afin qu'ils agissent en son lieu et place. Ces mandataires per-
sonnifiant la souveraineté populaire sont à leur tour obligés,
pour remplir leur mandat et garantir leur gestion, de disposer
des citoyens comme de leur chose.

D'après cette antinomie de l'autorité sociale, on voit que le
peuple est maître dans le moment où il délègue son pouvoir,
mais à peine a-t-il consommé cet acte qu'il devient le serviteur
de son commis. Dans le moment où l'Etat reçoit son mandat,
il est serviteur de celui qui l'investit de sa puissance, mais aussitôt, à son tour, il devient maître de son commettant. Il résulte de cette inversion de la souveraineté populaire, passant
de la nation à ses représentants, que le peuple est maître-ser-
viteur et que l'Etat est serviteur-maître, c'est-à-dire que le
peuple est en définitive esclave. La cause de ce vice vient de
ce que la circonférence démocratique ne saurait exister sans
former un centre qui la domine, ou, en d'autres termes, le
suffrage universel ne peut fonctionner sans produire des élus
qui deviennent maîtres de leurs électeurs.

Pour compléter l'étude de ce sujet, nous considérerons la
société sous sa triple puissance qui est comme les trois an-
neaux essentiels de son esclavage : société, puissance virtuelle; état, puissance effective; individus, puissance neutre.

S'il n'y avait pas de société, la terre inféconde et laide ne
serait habitée que par des sauvages ou des animaux. — La
société est donc la puissance virtuelle, enfantant tout ce qu'il

y a de grand dans le monde et d'utile à l'humanité. Mais dans son état de matérialisme elle ne peut rien produire sans un pouvoir qui la résume et lui donne l'impulsion pour lui faire éclore ses virtualités ; l'Etat est donc la puissance effective. Mais à son tour l'Etat n'a aucun moyen d'action s'il ne dispose des individus, comme de leviers ou d'organes : les individus sont donc la puissance neutre.

Comme il est impossible à la société de se manifester par elle-même, quoiqu'elle éprouve l'impérieuse nécessité d'être effective, elle est poussée, sous le suffrage universel, à donner naissance à un pouvoir auquel elle impose la mission de s'occuper avant tout de ses besoins matériels ; le pouvoir, pour remplir son mandat, s'empare des individus afin de satisfaire au besoin social. Ainsi, la société a besoin de l'Etat et l'Etat a besoin des individus. La première domine le deuxième, le deuxième domine le troisième, et, par cette double solidarité de besoin et de domination, il en résulte que la société est la cause efficiente, le principe virtuel et mécanique de son asservissement. D'après ceci, le monde faisant sa gravitation uniquement sur soi, et n'étant point sollicité par aucune attraction extérieure à lui, il en résulte que la dilatation sociale devient nulle et que la compression, dominant d'une manière absolue, étreint la société, l'étouffe, et la fait périr sans ressources.

Quand une société manque d'un dogme religieux et moral qui soit comme l'âme de la collectivité des hommes, et les fasse graviter vers un idéal céleste, le suffrage universel est une pente fatale qui conduit invinciblement l'humanité à un esclavage absolu et à un péril inévitable.

Le socialisme matérialise tout, en voulant tout organiser.

Les socialistes prétendent être d'accord avec l'Evangile, en donnant à l'Etat la dénomination de serviteur, parce que Jésus a dit à ses disciples : « Que le plus grand parmi vous soit votre serviteur. »

Ce précepte, selon l'Evangile, est purement moral ; il n'oblige pas un homme à devenir le maître de ceux qu'il veut servir.

Dans l'ordre moral il n'y a que des devoirs et pas de droits, de manière que celui qui se dévoue au service de la société, la sert librement et n'a aucunement le pouvoir de la dominer ; par conséquent, celui sur qui le dévouement s'exerce n'a pas non plus le droit d'exiger le bien qu'il reçoit. L'estime, la gloire rejaillissent sur les hommes généreux, c'est leur vie, c'est leur félicité ; la reconnaissance et l'admiration naissent dans les âmes sensibles que le bienfait a touchées, rien de plus juste et de plus naturel. Mais il n'y a là rien de forcé par la discipline de la loi. Le cœur libre prend son essor et s'irradie dans les régions de l'amour infini, et sa flamme ardente, dégagée de cette prison qu'on appelle organisation sociale, brûle éternellement pour l'humanité.

Le Christ recommande encore de prêter gratuitement, il va même plus loin, car il ordonne aux riches de donner leurs biens aux pauvres, puis il ajoute : « Mais si vous prêtez pour recevoir un intérêt et que vous donniez pour que l'on vous rende, quel *gré* vous saura-t-on ? les païens ne font-ils pas la même chose ? » Remarquons que pour qu'on sache *gré* à quelqu'un de ses actions, il faut qu'il soit parfaitement libre de les faire. Un homme qui est forcé d'exécuter une chose malgré lui, n'a aucun mérite qui donne droit à la reconnaissance. Le *gré* ou la reconnaissance envers celui qui fait de bonnes œuvres, implique liberté, mérite, dévouement. Le christianisme est donc contraire à l'égalité économique qui tue la fraternité, et à la solidarité légale qui vous oblige envers vos semblables, comme le percepteur oblige le contribuable envers l'Etat.

Mais, disent les socialistes, vous voulez donc encore de l'aumône avec toutes ses humiliations, et de la charité avec son cortége de malheureux ? D'abord, je réponds que l'humiliation et le malheur proviennent de la corruption du cœur. J'affirme même que c'est positivement dans le cœur que se trouve la source du bien et du mal. C'est pourquoi les actions bienfaisantes sont les corrélatifs de tous les maux ; la charité est à la souffrance ce que le médecin est à la maladie. C'est en vain que vous direz que le mal vient des institutions vicieuses, et qu'il suffit de les réformer pour rendre inutiles l'aumône et la charité; vous serez toujours forcés de convenir que ces institutions ne se sont pas faites d'elles-mêmes, et qu'elles furent posées par la volonté humaine ou du moins sanctionnées par elle. Brisez donc l'ordre actuel sans transformer l'homme de mal en bien, vous aurez tout simplement détruit un effet, mais la cause subsistant toujours, l'effet se reproduira fatalement.

D'ailleurs, il suffit de faire ressortir la contradiction du socialisme, sur ce point, pour faire justice de ses sophismes.

Vous ne voulez pas d'aumône ni de charité : qui donc alors viendra au secours de ceux qui souffrent et sont dans des besoins nécessiteux ? L'Etat, sans doute. Où l'Etat puisera-t-il ses moyens ? Dans le travail des individus. Pourquoi celui qui recevra des secours ne sera-t-il pas humilié ? Parce que, selon vous, ces secours lui seront accordés comme un droit acquis, à titre de malheur ou d'infirmité. Eh bien ! voilà précisément le motif qui détruit dans l'homme le sentiment du bienfait et de la reconnaissance, et par conséquent la vie morale. Du moment que, de par la loi, le faible a impérieusement droit de réclamer un appui du fort, et que celui-ci, en le soutenant, s'acquitte d'une dette qu'il ne peut éviter de payer, il n'est donc plus libre ; alors il ne fait pas un acte de cœur et de bienfaisance ; donc il faut supprimer de la formule sociale ces deux mots : liberté, fraternité. Est-ce en détruisant ainsi la moralité individuelle, par vos institutions mécaniques, que vous prétendez rendre l'homme meilleur ? Dans ce cas, j'avoue que l'être négatif, ou le néant, est la perfection absolue.

Le socialisme, en voulant tout organiser, matérialise tout.

Dans sa main les préceptes de l'Evangile, traduits en mécanisme social, deviennent des lettres mortes qui restent sans effet dans le cœur et l'esprit de l'homme. Saint Paul disait aux Galates, chap. IV, et aux Corinthiens chap. VIII : « Comment vous tournez-vous vers ces observations *légales*, défectueuses et impuissantes auxquelles vous voulez vous assujettir par une nouvelle servitude ?... » La loi du Christ doit être écrite avec l'esprit du Dieu vivant dans vos cœurs, et non gravée sur des tables de pierre, comme celle de Moïse ; car la lettre tue, mais l'esprit vivifie. « La loi donnée sur le mont Sina (étant légale) n'enfante que des esclaves, au lieu que la Jérusalem d'en haut ou la loi spirituelle donna naissance aux enfants libres. »

Mais, par quel aveuglement les socialistes ne comprennent-ils pas que tous ces systèmes d'organisation du travail et d'organisation sociale, par l'intervention de l'Etat, sont synonymes de : Esclavage des travailleurs, servitude de la société? Il est pourtant bien facile de concevoir que du jour où les institutions, une fois posées, deviennent la causalité immuable de la société, du moment que l'Etat prend l'homme à son berceau pour le pétrir à sa manière et le suivre pas à pas jusqu'au tombeau, et que, dans ses mains, les individus deviennent les organes forcés de la loi, et sont assujettis les uns aux autres par une règle purement disciplinaire et despotique, de ce moment enfin, n'est-il pas évident qu'ils sont inférieurs aux animaux vivant dans les forêts et les déserts? Le Christ dit : Le sabbat a été fait pour l'homme, et non l'homme pour le sabbat. » Les socialistes, renversant cette proposition, veulent que l'institution soit tout, et l'homme rien. C'est absolument comme s'ils prétendaient que la ruche doit diriger tous les mouvements de l'abeille et se rendre l'arbitre absolu de cet insecte.

Voulez-vous sincèrement la liberté, l'égalité, la fraternité et la solidarité? « Cherchez premièrement le royaume de Dieu et sa justice, et tout ce que vous demanderez vous sera accordé. » Mais rappelez-vous que le règne de Dieu ne se subordonne ni à la matière, ni à la légalité, ni même à la volonté de l'homme. Ce serait un contre-sens absurde. L'empire du christianisme est à l'esprit ce que le soleil est à nos yeux ; pour jouir de ses bienfaits, il faut dissiper les nuages de l'erreur qui l'environnent ; et comme il existe virtuellement dans la création de l'homme, l'homme ne l'invente pas, il le découvre et subit sa loi comme un souverain bien. Toutefois, cette puissance féconde du Verbe, qui parle au cœur, le vivifie, l'éclaire et le guide, n'enchaîne jamais le corps pour arrêter en même temps les libres manifestations de l'âme.

L'Evangile rapporte « que les chrétiens vivaient dans une union de cœur et d'esprit si parfaite, qu'il n'y avait plus de pauvres parmi eux. » Ainsi, leur bonheur commun découlait de l'union des âmes, de la religion des esprits, religion qui avait Dieu pour principe et pour fin.

Tout à l'encontre de cette vérité, le socialisme matériel, au lieu d'imiter le christianisme dont il se prétend faussement le continuateur, veut régénérer le monde par des mesures de police, et croit pouvoir lui donner le bien par un mécanisme gouvernemental qui est le plus grand outrage que l'on puisse faire à la moralité humaine.

Quoi qu'il en soit, jamais les socialistes antireligieux ne pourront échapper à ce dilemme : ou les hommes sont justes et bons, et, dans ce cas, leur dignité ne pourra souffrir qu'on les gouverne comme des enfants ; ou ils sont iniques et méchants par nature, et l'on peut affirmer que l'association est moralement et matériellement impossible avec des êtres aussi pervers.

Quand on objecte aux socialistes que l'ordre moral doit présider à la régénération du monde : « Bah ! répondent-ils, la morale est impuissante à faire le bien ; il nous faut quelque chose de plus positif ; c'est par le matériel qu'il faut commencer : occupons-nous d'abord de manger, et nous verrons après. » Puis, lorsqu'on leur fait observer que la liberté absolue prêchée par M. Proudhon amènerait le débordement de tous les vices : « Comment ? répliquent-ils, mais vous ne croyez donc pas au pouvoir suprême de la morale ? » Une pareille contradiction n'a pas besoin de commentaire.

Immoralité du socialisme sous l'empire du matérialisme.

Maintenant qu'il est démontré que le socialisme physique est radicalement faux dans son système, quel avantage lui reste-t-il à défendre, quel bien véritable possède-t-il en lui-même pour s'attacher des adeptes sérieux ? aucun, comme nous allons le voir dans l'étude suivante.

Sans doute on fera valoir la possibilité de l'augmentation des produits dans une association où toutes les forces productives convergent ensemble vers un but commun. Je ne veux pas rechercher ici si M. Proudhon a raison de dire que l'association serait un vaste parasitisme gouvernemental qui dépenserait plus qu'il ne produirait, mais je dis que, si on ne peut opérer de conversion qu'en promettant un Eden de félicité matérielle aux élus, on les sollicite au relâchement et à la dépravation des mœurs ; car, du moment où l'on fait envisager au peuple une mer de délices où chacun pourra se jeter à la nage et se vautrer à satiété, c'est dire à l'homme qu'il entre dans le nouveau monde avec les dispositions d'un Sardanapale. Eh bien ! c'est précisément cette perspective enivrante du plaisir qui deviendrait une cause de misère universelle. En effet, les hommes, mus par des passions charnelles, ne s'uniraient pas avec la pensée dominante de produire, mais bien avec celle de jouir.

Or, un peuple d'athées à qui la matière est présentée comme le principe et la fin de son être, un peuple d'esclaves pour qui la liberté n'a plus aucun charme, un peuple sans foi qui n'est distrait dans sa sensualité par aucun sentiment religieux, ne tarderait pas à s'énerver dans toutes sortes d'excès immondes, et à noyer son âme dans les mille égouts de l'immoralité. — « Divinisation du ventre, raffinement de la débauche, morale de la brute, voilà toute la théorie du socialisme.

« Sa prétention consiste en ce que chaque homme absorbe par jour une quantité égale au douzième de son poids ; en ce qu'il se gorge de mets mille fois comme les plus gloutons de nos jours, et que ses débauches atteignent jusqu'à l'hyperbole de l'infamie.

« Une loi sociale quelconque ne saurait en imaginer une autre que le fatalisme des appétits, qui traînerait les individus et les sociétés sous le boulet de la servitude, comme la vapeur pousse la locomotive, comme la faim pousse la bête.

« La promiscuité, voilà la règle des socialistes ; l'appétit, voilà leur science ; la satiété, voilà leur but. Es-ce là de la démocratie ? Non, c'est la doctrine de l'orgie » (1). D'après cela, où serait cette énergie, cette vigueur dans le travail, que deviendraient ces précieuses qualités morales et intellectuelles, lesquelles ne peuvent naître que par l'amour de la sagesse ou par l'amour de l'indépendance ?

---

1 Voyez la *Voix du Peuple* du 7 mai 1850.

Associer les hommes dans le but unique des jouissances ! mais c'est leur dire qu'ils donnent carrière à tous leurs mauvais penchants, qu'ils fuient tout ce qui peut contrarier leurs goûts et leurs fantaisies; c'est prêcher le droit et enseigner en même temps à fouler aux pieds le devoir. Que deviennent alors toutes ces déclamations du socialisme contre les riches, lorsqu'il leur reproche de mener une vie oisive, pleine de mollesse et de volupté? n'est-ce pas quelque chose de pire qu'il promet à ses adeptes?

Du reste, ces promesses de plaisirs matériels faites au peuple sont très-logiques, car quand on repousse toutes croyances religieuses, il faut bien remplir le vide de la foi par des réalités sensibles qui fassent oublier les aspirations de l'idéal.

Cette émulation, ce zèle que les utopistes se plaisent à voir dans leurs phalanges de travailleurs, seraient bien sûrment remplacés par un abattement et un dégoût universels produits par ce matérialisme abject qui répandrait partout le venin de la corruption.

D'ailleurs, on ne peut allier l'émulation morale avec l'esclavage; l'esclave ne connaît pas d'autre stimulant que le fouet du maître. Et comme la mauvaise volonté se développe toujours en proportion de ce que la dignité de l'homme est abaissée; il en résulte que s'il y avait une émulation dans le socialisme, ce serait celle du mal. C'est-à-dire que chacun, entraîné par les instincts de la matérialité, voudrait modeler sa conduite sur celui qui serait le plus hardi à donner l'exemple du vice. Une telle société deviendrait bientôt le réceptacle de toutes les impuretés et de tous les fléaux imaginables.

Application du précepte « A chacun selon ses œuvres », en contradiction avec la loi d'attraction.

Maintenant, quel sera le mode de distribution des produits dans l'association? Sera-ce celui de Victor Considérant, qui veut que l'on donne à chacun selon ses œuvres? sera-ce celui de Louis Blanc, demandant qu'on accorde à chacun selon ses besoins?

D'abord, si l'on applique le premier précepte, voilà la société constituée en un vaste prolétariat qui aura pour chef d'industrie et gérant responsable l'Etat propriétaire.

Or, en donnant à chacun selon ses œuvres, pour stimuler les citoyens au travail, cela prouve qu'il y a encore sur terre des peines et des répugnances à vaincre. Car, si le travail était généralement un plaisir par lui-même, il ne serait pas nécessaire de le rétribuer alors que l'on vit en communauté. Le monde se livrerait à l'ouvrage par amusement, et une abondance de quoi satisfaire tous les besoins naîtrait naturellement de cet amusement.

J'ai fait remarquer, dans ma réfutation des différents systèmes sociaux, que le travail se partage en professions pénibles et répugnantes, et en professions élevées et attrayantes. J'ai démontré que l'Etat propriétaire, chargé d'occuper tout le monde quand même, et étant seul responsable des produits de chacun, ne pourrait pas laisser aux individus la liberté de choisir leur profession ; car, comme tous les hommes recevraient une édution égale et seraient, par conséquent, placés dans la position d'embrasser la vocation qui leur conviendrait, ils prendraient à coup sûr les professions les plus agréables ; de sorte que les travaux pénibles seraient complétement désertés ; pendant que les travaux faciles s'encombreraient de bras superflus.

Si, pour éviter ce grave inconvénient, on élevait les salaires des professions qui exigent des fatigues et des sacrifices corporels, alors, les sciences et les arts se trouvant moins rétribués que les travaux purement manuels, il en résulterait que l'intelligence et le talent seraient moins estimés que les qualités animales, ce qui anéantirait le progrès.

Etablira-t-on un concours pour distribuer les professions selon les capacités ? dans ce cas, on nie pour la plupart des hommes la loi d'attraction regardée comme le principal moteur du socialisme. Je ferai remarquer que tout individu, par ce seul fait qu'il concourt en vue de posséder une chose, témoigne qu'il désire cette chose. Qu'on le sache bien, attraction et concurrence ne peuvent marcher ensemble dans une société où, en vertu de l'égalité, chacun a le droit de satisfaire également ses désirs. Je le répète : concourir pour avoir une profession, c'est démontrer qu'il doit y avoir des mécontents et des satisfaits, ce qui, pour une partie de la société, nie l'égalité et la loi d'attraction.

Quand on considère l'attraction comme la loi unique de l'univers, c'est elle-même qui doit organiser la société et distribuer autant d'objets qu'elle a fait naître de désirs. Voyez les animaux, eux que la loi d'attraction régit, ils ne connaissent pas de rivalités ; la nature a pourvu à tous leurs besoins ; il n'y a pas chez eux un seul désir qui ne puisse être pleinement rempli.

Par le concours, le sort des capacités permettra à l'Etat-directeur de s'emparer des citoyens qui auront été exclus des professions attrayantes, et de les classer disciplinairement comme il le jugera convenable. Ce système est absolument semblable à celui qui régit l'armée. Ainsi, depuis le simple soldat jusqu'au lieutenant-colonel, tout le régiment ne serait pas fâché d'être colonel, quoique cette fonction ne puisse appartenir qu'à un seul individu. Si donc on avait donné à tous les militaires, sans exception, la même éducation, et qu'on leur eût inculqué de bonne heure dans l'esprit qu'ils ont tous un droit égal, en vertu de l'attraction, d'être colonel si c'est leur besoin, il est bien certain qu'ils ne pourraient souffrir que ce grade fût donné exclusivement à un de leurs camarades, sous prétexte qu'il serait plus capable qu'un autre. Ils se plaindraient et diraient avec raison : puisque la place de colonel ne peut se généraliser, que l'on ne sollicite pas en nous des désirs dont on proclame la légitimité et leur droit à être satisfaits, pour s'emparer ensuite de nos personnes et nous forcer à subir la servitude que nous impose la hiérarchie de l'autorité et toutes les corvées de la caserne.

Comme on le voit, le principe fondamental du socialisme est en contradiction manifeste avec son système. Le principe développe, allume les appétits les plus violents, il excite les convoitises les plus folles, tandis que le système tend à réduire jusqu'aux plus innocentes aspirations : c'est l'anarchie et la tyrannie mariées ensemble. Mais comme ils sont d'une nature incompatible, ils tendent incessamment à se divorcer, ou, pour mieux dire, l'un tend à détruire l'autre, et réciproquement, pour dominer exclusivement dans l'empire du mal.

Précepte « A chacun selon ses besoins », contraire à la morale et à la justice, quand il est appliqué autrement que par l'amour du prochain.

L'application du précepte « à chacun selon ses besoins » consacre évidemment l'immoralité sous toutes les formes, car il n'y a pas une mauvaise action qui ne puisse se légitimer par le besoin, ou tout au moins prendre le besoin pour prétexte : « *J'aime à flâner, c'est mon besoin, je me pocharde, c'est mon aptitude.* » Voilà l'argument qui servirait de bouclier à tous les vices.

Mais, disent les communistes, avec le précepte moral « *Ne fais pas à autrui ce que tu ne voudrais pas qu'il te fît* », personne n'osera suivre une conduite nuisible à ses semblables. — Comment, messieurs, ne mettez-vous pas en avant cet autre précepte : *Chacun a droit à la complète satisfaction de ses désirs ?* Si vous dites que cette satisfaction ne doit avoir lieu qu'autant qu'elle n'est préjudiciable à personne, alors vous posez en principe ce précepte : *Chacun pour soi;* dès lors, vous établissez logiquement le dogme de la responsabilité individuelle, partant vous détruisez la solidarité et la communauté. En effet, si personne ne doit souffrir aucun préjudice de la part de mes besoins, nul ne répond de moi; donc je deviens responsable de mon individualité; donc, en fait d'intérêt, je n'ai plus rien de commun avec mes semblables, ou tout au moins, sous plus d'un rapport économique, il y a entre mon bien et celui des autres une rivalité constante.

Quand on objecte à Louis Blanc que les besoins généraux pourraient bien se trouver supérieurs à la production générale, il répond que la satisfaction des besoins de chacun sera mesurée proportionnellement sur la somme totale de la richesse commune. Ainsi, suivant cette doctrine, la société, prise dans son ensemble, consommera selon ses œuvres, c'est-à-dire suivant ce qu'elle produira. Ceci est bien naturel; mais, prise dans chacun de ses membres en particulier, elle consommera selon ses besoins, ce qui est absurde, illogique et impossible. Mais, pour donner à chacun selon ses besoins dans les proportions de la richesse sociale, on sera forcé de faire des parts

égales pour chaque individu ; autrement, si tout le monde avait
la liberté de puiser à même dans les biens de la communauté,
il y aurait des personnes qui prendraient tout, ce qui ferait qu'il
ne resterait rien pour les autres. Mais, en partageant les produits sociaux d'après une règle égalitaire, on constitue la plus
monstrueuse injustice qu'il soit possible d'imaginer. Car,
comme je l'ai démontré au commencement de cet écrit, l'égalité de droit et de fait matériel, posant en principe que les
hommes ont tous la même valeur, sert de modèle à la rétribu-
tion morale, ou pour mieux dire, nie radicalement la moralité
humaine. D'après ce système, soyez vertueux ou vicieux, sage
ou fou, criminel ou innocent, vous êtes tout aussi méritoire,
tout aussi estimable d'une façon que de l'autre. Non, il n'est
pas possible d'inventer un régime plus odieux que celui-là ;
c'est donner raison à tous les oppresseurs de l'humanité. C'est
affirmer que les Caligula et les Néron n'ont pas plus démérité
aux yeux du peuple que Jésus et tous les martyrs qui sont
morts pour son affranchissement.

**La transition lente et pacifique du socialisme est un mensonge ;
c'est la période révolutionnaire où se produisent tous les plus
redoutables fléaux, si elle s'accomplit autrement que par la régénération religieuse des esprits.**

Jusqu'à présent nous n'avons envisagé le socialisme matériel que dans ses conséquences, en le supposant établi. Ce
qui nous reste à étudier maintenant, et qui n'est pas moins
utopique, c'est le moyen de le réaliser, c'est la transition qui
y conduit.

Admettons un instant que les socialistes soient au lendemain
d'une insurrection victorieuse, ou supposant que le suffrage
universel leur donne le pouvoir, quelle sera l'école qui fera
prévaloir ses idées, où est le système qui pourra s'appliquer
normalement ? Nous savons que Proudhon veut le droit au
crédit, puis la liberté illimitée, la liberté absolue pour chaque
citoyen, qui s'arrangera comme il l'entendra avec la part de
bien que le crédit lui aura accordée. Nous n'ignorons pas que
Louis Blanc demande l'intervention dictatoriale de l'Etat dans

l'organisation de la société. Pierre Leroux, Victor Considérant, Cabet, seraient assez de l'avis de Louis Blanc, sauf à débattre ensuite, chacun à leur manière, leurs divers moyens d'organiser la commune, l'atelier, la distribution des produits, et le classement des plaisirs.

Il est bien certain que, si tous les chefs d'école arrivaient simultanément au pouvoir, comme cela serait probable en supposant la révolution triomphante, chacun d'eux le tiraillerait en sens contraire, et l'affaiblirait tellement qu'il ne pourrait prendre aucune initiative sérieuse, ni rien organiser. Le peuple attendrait vainement une solution définitive, rien ne se déciderait, tout serait remis en question absolument comme à la veille du combat insurrectionnel ou électoral. Et, si l'un des chefs prenait les rênes de l'Etat, à l'exclusion de ses concurrents, ceux-ci le combattraient à outrance et le paralyseraient dans toutes ses entreprises. L'ambition froissée sèmerait partout les mécontentements, les rivalités, les haines, et fomenterait ainsi au sein des masses, de nouveaux éléments de désordre et de guerres civiles.

Que faire ? Les hommes de pouvoir devront-ils se tenir en dehors des partis socialistes, et remplir le rôle de simple banquier national faisant des avances à tous les novateurs qui désireraient expérimenter chacun leurs différents systèmes sociaux ? Mais, en agissant ainsi, le gouvernement, dont la nature est d'être conservateur, aurait complétement transformé sa mission, et travaillerait à rendre toute société impossible, et à s'anéantir lui-même. Car, en ouvrant un comptoir d'escompte aux mille extravagances et aberrations de l'utopie, tout le monde voudrait être organisateur, et personne ne voudrait être organisé. Il ne se passerait pas de jour où l'on ne vît de nouveaux prophètes, se disant illuminés par un nouvel ordre social, venir puiser dans la bourse des contribuables, jusqu'à ce qu'elle fût entièrement vide, et que le niveau de la pauvreté eût établi universellement l'égalité de misère.

Mais, admettant un instant que le peuple voulût essayer chaque système séparément et successivement, et qu'il défendît à toute autre doctrine de se propager avant que celle qui est en voie d'application eût été complétement expérimentée, Proudhon se présenterait le premier au public, afin d'exposer sa formule sociale, et s'exprimerait à peu près en ces termes :

« Citoyens,

« La rente, aussi bien que l'autorité, a été légitime tant qu'on n'a pu s'affranchir de leur joug ; mais, à partir du moment où l'on peut les briser l'une et l'autre, la gratuité du crédit devient un droit des citoyens, et la liberté illimitée et la liberté absolue deviennent les priviléges de tout le monde. Cependant, comme je demande l'abolition de tous les pouvoirs, c'est assez vous dire que chacun doit faire valoir son droit comme il l'entend. Quand donc vous rencontrerez un capitaliste ou un propriétaire rebelle au crédit, appliquez-lui une justice à votre manière et selon que vous le jugerez convenable. En demandant une liberté absolue pour tout le monde, c'est que je suis bien persuadé que si quelqu'un voulait s'opposer à l'exercice de votre droit, il serait immédiatement réprimé par la foule qui s'indignerait spontanément contre tous les réactionnaires tendant à restreindre l'élan de vos actions. Le peuple doit donc se gouverner par sa seule spontanéité, car elle est le gouvernement infaillible de l'instinct. L'instinct, voilà le critérium absolu de la vie sociale. Abandonnez-vous à lui sans réserve, et bientôt tous vos vœux seront comblés, tous vos désirs seront satisfaits. En suivant votre spontanéité, ou votre instinct, votre liberté est infinie comme celle du lion parcourant les forêts et les déserts, ou comme celle de l'aigle planant dans les nues. »

Le peuple, émerveillé de cette doctrine, croirait avec raison que la liberté absolue consiste à faire ce que bon lui semble, et que suivre la spontanéité, c'est obéir sans réflexion au mouvement de la nature, quel que soit le motif qui détermine ce mouvement.

Mais à peine la faim ou la répugnance du travail se fait-elle sentir dans le peuple, que des bandes d'individus se ruent spontanément sur la propriété. Rapide comme l'éclair, l'indignation spontanée des propriétaires s'oppose à la spontanéité dévastatrice des pillards. Voilà donc deux spontanéités ennemies qui viennent se choquer spontanément avec fracas. Alors, dans ce conflit spontané, c'est la spontanéité la plus faible qui est spontanément vaincue par la plus forte.

Aussitôt que les vainqueurs ont satisfait leur premier appétit, il se produit spontanément dans l'ombre et l'isolement une multitude de spontanéités diverses. Les domiciles sont violés, la pudeur est outragée, la vieillesse est insultée, le vol, l'assassinat, l'incendie répandent partout la terreur et l'effroi. Les citoyens, inquiets et tremblants, sont plus exposés au contact des spontanéités proudhoniennes qu'au milieu des bêtes féroces. La foule, que Proudhon regardait comme le réparateur du mal, le sauveur de la justice, s'est dissoute moralement, faute de liens d'unité. D'ailleurs, elle ne peut elle-même, comme un seul homme, prendre l'initiative d'un pouvoir régulier, ce qui est contraire au proudhonisme, ni opposer une digue au fléau ravageur. Il lui est impossible de se porter simultanément dans les divers endroits isolés et cachés pour empêcher le crime, rechercher les coupables, instruire les procès, diriger des débats contradictoires, châtier à coup sûr les criminels, afin de venger les victimes et satisfaire ainsi à la justice sociale. Voilà comment le monde, abandonné à tous les hasards d'une spontanéité brutale, devient le théâtre de la plus horrible anarchie.

Cette première et cruelle épreuve passée, le peuple renonce pour jamais au proudhonisme et veut essayer du Louis Blanc. Celui-ci se présente au peuple, et voici comment il expose sa formule sociale transitoire :

« Citoyens,

« Le premier devoir de l'Etat socialiste est de consacrer le droit au travail. Ce droit, vous le savez, est pour celui qui n'a rien le moyen d'avoir ce dont il a besoin, tel que vêtements, nourriture, outils, matière première, toutes choses sans lesquelles il est impossible de travailler. Où prendrons-nous ces biens, si ce n'est là où ils sont ? A mon avis, avant de rien commencer, il faut procéder par principes et partir de celui-ci.

La société doit être à ses membres ce qu'un père est à sa famille, comme les membres doivent être à la société ce que la
famille est au père. En conséquence, la propriété commune et
la propriété particulière doivent être identiques, et ne faire
désormais qu'une seule et même chose. Je propose donc que tous
les domaines et biens nationaux soient mis à la disposition des
individus qui les feront valoir sous le patronage de l'Etat,
comme toute propriété particulière sera mise à la disposition
de la nation qui l'exploitera sous la gérance et la responsabilité
du gouvernement. Pour atteindre ce but, le pouvoir s'empa-
rera de tous les travaux publics, sans exception, et les exploitera au profit de la communauté. Je n'ai pas besoin de dire
que toutes les fonctions agricoles, industrielles et commer-
ciales doivent être, le plus promptement possible, absorbées
par l'Etat. Le droit au travail, en nécessitant un lourd impôt progressif qui devra réaliser des ressources proportionnées aux besoins du peuple, aura bientôt fait justice de la propriété privée.
Le gouvernement créera, en outre, un papier-monnaie en concurrence au capital, dans le but de détruire d'un seul coup la
rente et l'usure et, par ce moyen, réduire à néant la puissance
des capitalistes. Pour l'exécution de ce projet, et afin d'en
assurer la réussite, il sera procédé à l'élection d'une dictature
provisoire, laquelle prolongera son pouvoir jusqu'à ce que
les égoïstes soient mis à la raison et l'ordre parfaitement
établi. Et, rappelez-vous, citoyens, que tout ce que le gouvernement fera doit être d'autant plus respecté par vous, que
vous devez regarder ses actes comme *étant ceux de la société
agissant elle-même par ses mandataires, lesquels fonctionneront
sous les regards et le commandement du peuple* aveugle et soumis. Aveugle, car il ne saurait apprécier la conduite politique
et sociale de ses chefs; soumis, puisqu'il n'a pas le droit de
contredire ceux auxquels il a légué sa souveraineté. »

Voilà rationnellement, et il n'y a pas un iota à y retrancher,
la véritable transition de Louis Blanc.

Eh bien ! cette prétendue transition est tout simplement le
passage immédiat de l'ordre actuel au régime communautaire ;
je défie le plus habile socialiste de me prouver le contraire.

Je n'ai pas besoin, pour démontrer ce que j'avance, de faire voir comment l'impôt progressif proposé par le socialisme et appliqué selon les besoins du moment, n'est qu'un moyen déguisé pour amener la propriété à la liquidation. Je me borne seulement à constater que le droit au travail suppose que tout citoyen a un droit égal au sol primitif et à ses produits bruts. Ce droit, sauf indemnité réglée d'après les ressources publiques et proportionnée à la fortune de chaque propriétaire, serait, pour les travailleurs des campagnes, le pouvoir d'exproprier la propriété terrienne; et pour les travailleurs des villes, le droit de confisquer les matières premières de l'industrie privée, au profit de l'industrie sociale. Plus le droit au travail, en donnant à l'Etat l'attribution de distributeur des produits communs, l'obligerait à faire une concurrence désastreuse au commerce individuel et à précipiter sa ruine. Le droit au travail frapperait donc en même temps le propriétaire, l'industriel et le commerçant; pendant ce temps, la création de papier-monnaie ruinerait les petits rentiers, et jetterait la perturbation parmi les capitalistes.

Le droit au travail, par sa nature, est, du moment qu'il fonctionne, l'ennemi mortel de la propriété, sous toutes ses formes.

Comme il ne peut vivre que de la mort même de la propriété, il conduit immédiatement, ou à la loi agraire, ou à la communauté des biens. Je n'examine pas ici si le droit au travail est un principe vrai, éternel, inhérent à la vie de l'homme. je ne veux pas discuter pour le moment si l'impôt progressif est équitable, enfin je ne veux pas apprécier si la liquidation de la propriété serait une légitime restitution du capital envers le travail; mais je me borne à observer que les docteurs du socialisme, par leurs théories matérialistes, préparent l'asservissement universel de l'humanité. Que l'on compare maintenant cette transition matérielle du socialisme avec la transition morale du christianisme, et l'on verra que l'un emploie la force brutale légalisée pour atteindre son but, tout en laissant au fond des cœurs ce que l'égoïsme a de plus vivace et la passion de plus corrupteur, ce qui ne peut manquer d'engendrer toutes sortes de calamités; tandis que l'autre, sous le symbole du baptême de l'eau, usant de la puissance morale, fait appel aux hommes de bonne volonté, les régénère dans la sagesse, et, après les avoir purifiés des souillures de la vieille société et les avoir revêtus de la plénitude des vérités religieuses, leur ouvre les portes du règne de Dieu pour qu'ils y goûtent en paix le bonheur réel devenu le partage équitable de la sagesse et de la vertu. Et, dans ce règne, opéré par la fusion des esprits, la liberté absolue peut y exister réellement, car alors, chacun étant l'incarnation vivante de la loi divine, sa vie se traduit naturellement en faits sociaux utiles à tout le monde : « Les bons arbres produisent de bons fruits », dit l'Évangile. C'est donc uniquement de la régénération religieuse des âmes que sortiront la rédemption et l'harmonie humaine.

Opposition fondamentale des principes sociaux avec les systèmes organiques des socialistes.

Maintenant, pour résumer cet écrit et montrer tout ce qu'il y a d'extravagant et d'inconséquent dans le socialisme, je vais, par l'organe des chefs d'école, exposer l'opposition choquante qui se rencontre entre les principes sociaux et leurs systèmes d'organisation pratique. La parole est à M. Proudhon, lequel expose ainsi sa théorie :

« Citoyens [1],

« Le cœur de l'ouvrier, comme celui du riche, est un égout de bouillonnante sensualité, un foyer de luxure et d'imposture. La charité est une mystification, Dieu est une entité chimérique, Dieu, c'est le mal. Donc, l'égoïsme et le matérialisme doivent être la loi de l'univers, la règle de l'humanité. Pour un être aussi vil que l'homme, qui est pétri de boue et d'orgueil, je demande une liberté illimitée, une liberté absolue ; je veux que la spontanéité de tous les instincts infâmes et féroces déchire spontanément la société, et offre au monde consterné toutes les horreurs du jugement dernier ! »

---

[1] Je ferai remarquer que Proudhon est le seul dont les principes soient d'accord avec son système ; tout, chez lui, est universellement anarchie.

Louis Blanc :

« Citoyens,

« L'ouvrier est un modèle d'abnégation, de résignation et de sacrifices. Dix-huit siècles de souffrances endurées dans les plus rudes labeurs, les plus cuisantes privations et les plus terribles calamités témoignent suffisamment de la noblesse de son cœur et de l'élévation de ses sentiments. Qui n'est pas saisi d'admiration en contemplant ces révolutions gigantesques où le peuple déploya un si héroïque courage pendant le combat et une si grande générosité après la victoire? La moralité et le désintéressement universel de l'ouvrier, démontrés par l'histoire, prouvent sans réplique que le temps est venu où il doit jouir de ses droits. Oui, l'heure de l'affranchissement a sonné pour la classe des travailleurs ; qu'elle brise donc toutes les oppressions qui pèsent encore sur le monde, et qu'elle entre définitivement dans le règne de la justice et de la liberté. —Mais, pour prévenir désormais le retour du despotisme individuel, ou l'exploitation de l'homme par l'homme, parmi ceux qui ont donné tant de preuves d'un dévouement sans bornes, je demande que l'on consacre légalement ce précepte : « *Qui peut plus doit plus, voilà son privilége.* » Ainsi, à partir d'aujourd'hui, l'ouvrier sera soumis à un devoir légal qui sera appliqué par la dictature, de manière que personne ne puisse se soustraire à la tâche qu'on lui imposera. Faisons en sorte que toutes les individualités égoïstes soient assujetties mécaniquement les unes aux autres, afin d'éteindre pour jamais les rivalités jalouses, les concurrences oppressives et les antagonismes anarchiques, détruisant jusqu'au sentiment du *moi*, de ce moi haïssable qui voudrait régner seul dans l'univers, sur les ruines de l'humanité. Enfin, organisons la société dans des conditions telles que chaque individu devienne un pur automate entre les mains de l'Etat, afin qu'il ne puisse plus désormais nuire à la société.

« Arrivés à ce but, nous aurons constitué un ordre immuable comme le marbre et l'airain, et une paix qui rivalisera avec le silence des tombeaux. Alors personne n'aura plus à craindre la tyrannie individuelle, ni les incertitudes du lendemain, en ce qui concerne ses besoins physiques. C'est ainsi que l'oiseau en cage ne craint plus les cruels vautours, et se trouve assuré de becqueter régulièrement. Voilà, citoyens, comment j'en-\`ends la liberté et le bien-être pour la classe généreuse, admirable des travailleurs. »

Pierre Leroux.

« Citoyens,

« L'amour doit être le seul mobile de toutes les actions de l'homme. Chaque individu, dégagé des entraves du despotisme, doit être son pape et son empereur. — Néanmoins, comme l'autorité est nécessaire pour donner essor aux triples manifestations de l'homme, et les diriger convenablement, je demande que l'on constitue un triple pouvoir politique social et religieux, lequel sera chargé d'organiser les aspirations de chacun, afin d'opposer une barrière infranchissable à cette anarchie d'attraction qui porte les uns à rêver un monde supérieur à la terre, ce qui est contraire à ma triade, les autres à vouloir jouir plus que l'égalité ne le permet, ce qui est une injustice. Ainsi, quoique l'amour doive être l'unique mobile de vos actions, il faut cependant distinguer que vous ne devez pas désirer au delà des bornes posées par ma doctrine, laquelle reconnaît l'identité absolue des êtres; par conséquent, leur solidarité intime, rationnelle, ou leur mutuel asservissement. Partant de ce principe, vous devez adorer le pouvoir social, qui sera le régulateur de la solidarité, et n'avoir pas d'autres désirs que ceux qu'il vous imposera. Car, les désirs de votre propre mouvement pourraient vous écarter de votre devoir, et rompre le lien qui vous attache à vos semblables. Aimez donc par vos maîtres; c'est alors qu'en faisant ce que vous voulez, et en voulant ce que vous aimez, puis en n'aimant que ce qu'on vous ordonnera, vous serez véritablement et parfaitement votre pape et votre empereur. Quelle est en effet, je vous le demande, la vraie liberté de soi-même, si ce n'est celle en vertu de laquelle on fait ce que l'on veut, et où l'on veut ce que l'on aime ? Voilà ma loi d'amour, elle est à elle seule tout le code de l'humanité. »

Considérant.

« Citoyens,

« Sans le spiritualisme, l'homme ne diffère en rien d'un pourceau. C'est par ses aspirations intellectuelles que l'humanité révèle sa grandeur et son origine céleste. L'intelligence, faite pour distinguer le juste d'avec l'injuste, le bien d'avec le mal, indique aux moins clairvoyants que tout doit être subordonné à la raison humaine. — Néanmoins, Fourier, ayant reconnu que l'attraction des corps planétaires était le centre d'harmonie de l'univers matériel, fut, par l'analogie, conduit à conclure que l'attraction passionnelle devait être aussi le centre d'attraction sociale, et que l'homme ne devait obéir qu'au seul mobile du plaisir.

« Je crois donc que, conformément à cette doctrine, il serait sage, d'après le plan du maître, d'établir un phalanstère, où chacun s'abandonnerait sans réserve à l'attrait des passions, et à toutes les voluptés imaginables. En conséquence, si vous éprouviez le désir de vous emparer de la femme de votre voisin, ce désir serait, pour vous, un titre légitime à sa possession. Que personne, parmi vous, ne résiste à la loi d'attraction, en se pénétrant bien que cette loi vous vient de Dieu, et que lui désobéir ce serait commettre un acte d'impiété. Que l'oisiveté, la dissipation et la débauche soient vos plus douces récréations. Et, quand on vous objectera que la raison s'oppose à ce que des préjugés vulgaires appellent une infamie, répondez : L'attraction que je suis ponctuellement me vient du Ciel ; j'aime mieux lui obéir que d'écouter vos observations. — Si on vous réplique que l'attraction est aussi la loi des bêtes, tournez le dos à votre adversaire, car c'est un obtus à qui il n'est pas donné de comprendre la sublime science du système passionnel ; la grâce fouriériste ne peut, de son flambeau radieux, illuminer son esprit étroit. »

Cabet.

« Citoyens,

« Notre communisme, c'est l'essence même du christianisme ;

« Notre communisme, c'est le triomphe de la raison.

Notre communisme enfin, c'est le règne parfait de la liberté et de la fraternité. — Néanmoins, je dois faire quelques réserves sur la réalité de ces triomphes.

« Devons-nous adorer Dieu ? Non [1].

« Devons-nous faire usage de notre raison ? Mais vous n'ignorez pas combien de fois la raison a succombé dans sa lutte contre les folies et les vices de tous genres ; il y a donc des précautions sociales à prendre contre sa faiblesse.

« Devons-nous être libres ? Mais la liberté sans dictateur, c'est l'anarchie pure [2].

« Un homme vraiment religieux, c'est celui qui évite avec soin de s'attacher à un Dieu dont les attributs contradictoires ne sont propres qu'à engendrer des disputes parmi les hommes, et à les diviser au lieu de les relier. Ne jamais penser à d'autre monde qu'à la terre, afin de couper court aux luttes théologiques, c'est donc le triomphe réel du christianisme, du moins en ce qui touche la paix et la concorde des chrétiens.

« Un homme vraiment raisonnable, c'est celui qui, par esprit de sagesse et par défiance envers lui-même, se sert de sa raison pour se donner un tuteur qui le gouvernera jusque dans ses moindres actions, afin de n'être plus exposé à tomber dans l'égarement des mauvais désirs.

« Un homme vraiment libre, c'est celui qui, par amour de l'ordre, consent à l'élection d'un pouvoir dictatorial devant lequel s'anéantiront toutes les volontés individuelles. Ce pouvoir, représentant de tous, disposera de tous pour le bien de tous.

« On peut dire que la liberté dans le communisme, c'est le devoir qu'a tout homme de se mettre sous la tutelle absolue de

[1] Voyez le *Voyage en Icarie*, au chapitre de la question religieuse.
[2] Voyez la première constitution de la colonie icarienne dans laquelle M. Cabet se proclame gérant unique responsable pour dix ans.

l'Etat. Certes, les individualistes sont loin de posséder un pareil avantage.

« Enfin, un homme vraiment fraternel, c'est celui qui, par amour de ses semblables, consent à n'avoir plus d'âme, et à devenir éternellement l'organe mécanique de la société.

« Pour consacrer les quatre sortes de triomphes que je viens de signaler, je vous propose donc de sanctionner le projet de loi suivant :

ARTICLE 1ᵉʳ.

Les cultes sont abolis.

ARTICLE 2.

Le gouvernement issu du suffrage universel, du concours libre des citoyens, aura l'initiative et la responsabilité des affaires publiques et du bien-être des membres de la société. Pour qu'il puisse remplir son mandat sans obstacle, tout individu lui devra une obéissance passive et absolue.

ARTICLE 3.

L'égalité des peines comme l'égalité des plaisirs est la loi rigoureuse des Icariens.

ARTICLE 4.

Le travail est obligatoire et forcé pour tous les citoyens valides; en conséquence, chaque travailleur sera tenu, d'après le règlement, de se trouver à l'atelier à heure fixe, d'exécuter ponctuellement les ordres de ses chefs, et de se coucher à dix heures précises du soir.

ARTICLE 5.

Tous les Icariens et Icariennes porteront des vêtements uniformes et de même qualité, quelles que soient la variété de leurs goûts, l'opposition de leurs tempéraments, la différence de leur structure corporelle et la diversité du teint qui distingue chaque figure.

ARTICLE 6.

Tous les mets dont la rareté ne permettrait pas qu'ils soient également partagés pour tout le monde, seront supprimés de la table. Au jour des récréations, les bals, les spectacles, les promenades, les réunions d'amis, les divertissements de toute nature seront distribués, comme nous l'avons dit à l'article 3, d'après un ordre rigoureusement égalitaire. Par conséquent, chaque individu recevra à tour de rôle sa carte d'amusement, et ne pourra user d'autres plaisirs que ceux qui y seront indiqués.

« — Comprenez-vous maintenant, citoyens, que, d'après ce système, l'irréligion ou, en d'autres termes, la division n'est plus possible parmi les hommes? Etes-vous bien convaincus que la paresse, l'orgueil, la gourmandise et la débauche sont à jamais anéantis? Etes-vous bien pénétrés que le despotisme individuel est radicalement détruit, que l'égoïsme est enchaîné par la loi, et qu'il ne trouve plus un seul point où il puisse se développer? Donc notre communisme est le triomphe du christianisme, de la raison, de la liberté et de la fraternité. » — Ainsi, d'après cette doctrine, l'homme prouve qu'il est religieux en reniant toute espèce de culte, sous prétexte de n'être hostile à aucune croyance. Il démontre qu'il est raisonnable en se destituant de sa raison, pour se laisser gouverner absolument comme un enfant au maillot. Il donne la preuve qu'il est libre, en niant sa liberté et en se livrant machinalement aux chaînes du despotisme social. Enfin, il prétend donner la certitude d'une fraternité positive, en se mettant dans l'impossibilité absolue de faire aucun acte venant du propre mouvement de son cœur.

Tel est le caractère vrai du socialisme matériel ; pour lui, la négation absolue de l'homme, c'est l'affirmation du bien, comme si le néant pouvait être le positif de quelque chose. Que les matérialistes réfléchissent sérieusement.

Peuvent-ils supposer que l'humanité a versé tant de sang et de larmes, en luttant avec une si rude persévérance contre toutes espèces de despotisme, et qu'en fin de compte elle devra toujours se plier devant la volonté d'un maître ? Peuvent-ils penser qu'elle a subi tous les martyres imaginables, qu'elle a épuisé le calice de l'amertume jusqu'à la lie, en vue de réaliser la fraternité dans les cœurs, et qu'elle sera, aussi bien sous une forme communiste que sous une forme individualiste, la proie éternelle de l'égoïsme? Enfin, peuvent-ils admettre qu'elle a enduré tout ce que le génie du mal a pu inventer de raffinement dans les souffrances, en combattant toutes les puissances oppressives pour accomplir sa rédemption terrestre, et que ces tendances invincibles vers la liberté et ces actions sublimes, poursuivant le but de la justice et de l'harmonie, doivent aboutir tout simplement à l'organisation machinale de l'homme, à son asservissement social? De telles doctrines sont insensées : leurs auteurs peuvent avoir de bonnes intentions, mais leurs erreurs sont un blasphème contre Dieu, un outrage à la raison, et un insolent mépris pour les martyrs qui se sont sacrifiés afin de faire triompher l'homme moral sur l'homme matériel, et par ce moyen remporter la victoire du bien sur le mal.

Qu'on le sache bien, malgré l'empire du matérialisme actuel, qui semble avoir étouffé jusqu'aux dernières aspirations religieuses, le monde éprouve le secret besoin de sortir de cet état d'abjection et de servitude ; l'homme sent au fond de son âme qu'il est fait pour une destinée sublime, et non pour croupir dans la fange des passions et être éternellement victime de leur tyrannie.

Une influence mystérieuse travaille en ce moment les sociétés à leur insu, et couve dans l'intérieur des consciences, sous les ténèbres de la matérialité, les germes féconds de la vie spirituelle. C'est dans le fusionisme intellectuel, présenté vaguement aujourd'hui, que l'humanité réalisera la puissance, la science et la justice universelles ; l'esprit, emporté vers son centre d'atraction qui est Dieu, trouvera, en obéissant à sa loi, la félicité la plus pure, et un bonheur tel que les poëtes religieux l'ont rêvé en décrivant le paradis terrestre.

Inutile d'ajouter que, contrairement au spiritualisme, le matérialisme entraîne le monde vers un abîme de maux incalculables; qu'une société matérialiste, quelle qu'elle soit, n'a pas d'autre solution que l'esclavage, le chaos et la mort.

FIN.